L'AVENUE DE L'IMPÉRATRICE

AUJOURD'HUI

L'AVENUE DU BOIS-DE-BOULOGNE

PARIS

IMPRIMERIE ET LIBRAIRIE ADMINISTRATIVES ET DES CHEMINS DE FER

PAUL DUPONT

RUE DE GRENELLE

L'AVENUE

DE

L'IMPÉRATRICE

AUJOURD'HUI

L'AVENUE DU BOIS-DE-BOULOGNE

PARIS

IMPRIMERIE ET LIBRAIRIE ADMINISTRATIVES ET DES CHEMINS DE FER

PAUL DUPONT

4 — RUE DU BOULOI — 4

1889

Ce rapport n'était destiné qu'aux propriétaires de l'avenue de l'Impératrice auxquels je l'ai distribué pour leur rendre compte du mandat qu'ils m'avaient confié. Quelques personnes en ayant eu récemment communication, ont pensé qu'il pouvait présenter un intérêt historique, le dossier concernant la fondation et l'ouverture de l'avenue ayant dû disparaître dans l'incendie de l'Hôtel de Ville. Elles m'ont engagé à le publier. Je me suis contenté de le faire tirer à un petit nombre d'exemplaires, ne voulant pas attribuer à ce travail plus d'importance qu'il ne mérite.

Je dois ajouter que *toutes les améliorations* demandées par ma lettre du 20 janvier 1856, et refusées, ont été depuis lors réalisées ainsi que le constate l'état actuel de l'avenue de l'Impératrice, transformée aujourd'hui en avenue du Bois-de-Boulogne.

Paris, le 10 novembre 1889.

BOUISSIN
Ancien Conseiller général de l'Hérault.

RAPPORT

PRÉSENTÉ

AUX PROPRIÉTAIRES SUR L'AVENUE DE L'IMPÉRATRICE

Par M. BOUISSIN, Président du Syndicat.

Messieurs,

Le mandat que vous aviez confié à votre syndicat étant expiré, il m'a paru juste et convenable de vous rendre compte de ses travaux. J'espère que vous ne trouverez pas superflu que cet exposé soit précédé de quelques renseignements préliminaires vous donnant des notions rétrospectives qui ne seront pas tout à fait dénuées d'intérêt.

Ce n'est pas de nos jours seulement que les hauteurs de l'avenue de Saint-Cloud et les terrains de la plaine de Passy ont été l'objet de l'attention des capitalistes. Déjà, à cette époque de la Restauration où le pays, débarrassé de la présence des armées étrangères, se sentait renaître, ce quartier, peuplé alors de quelques maisons de campagne et consistant surtout en champs livrés à la culture, avait sollicité la spéculation. Une première société avait été fondée vers 1822 ou 1823 pour le morcellement des terrains. Elle se transforma et se consolida en 1825 par le concours des premières maisons de banque de Paris et des financiers, au nombre desquels on remarque MM. Laffitte, Périer,

Leroux, Carette, Minguet, Dosne, Saint-Didier, Saint-Ange et autres notabilités qu'il serait trop long d'énumérer. Avant que notre arrondissement fût voué à la glorification des artistes de tous les âges, quelques rues rappelaient encore la plupart de ces célébrités financières.

Ces deux sociétés réunies en une seule plus puissante n'eurent pas cependant une longue durée, soit que l'opération fût mal conçue, soit que la crise qui précéda ou qui suivit la révolution de 1830 vînt la paralyser. Au surplus, cette société était entachée d'un vice organique : elle était grevée de dettes hypothécaires; or, à mon avis, toute spéculation de terrains qui débute avec des dettes est condamnée à la stérilité, sinon à la ruine. Une opération de cette nature est une affaire de longue haleine. Il faut qu'elle puisse attendre patiemment son heure, qui finit toujours par arriver tôt ou tard. Les intérêts, les commissions, les frais d'emprunts, de renouvellement, dévorent à l'avance ses bénéfices, quand une échéance prématurée ne la force pas à une réalisation inopportune.

La société des terrains de Passy fut poursuivie par un créancier qui lui-même était obligé à faire face à ses engagements et qui ne put accorder des délais. Les immeubles qui lui appartenaient furent saisis et expropriés. Mais quelques jours avant l'adjudication, les principaux actionnaires s'étaient entendus pour faire un versement proportionné à leur intérêt social afin de désintéresser les créanciers hypothécaires, de racheter en commun les terrains et de les partager au moyen d'un tirage au sort. Cette opération eut lieu le 24 juillet 1833. Elle eut pour effet de mettre entre les mains de 45 propriétaires tous les terrains qui étaient la propriété de la société civile; mais ils y restèrent dégrevés et sans qu'il se manifestât, pendant une quinzaine d'années, une nécessité impérieuse de les vendre. Il fallut le décès de deux des principaux propriétaires pour provoquer une licitation qui, depuis l'année 1845 jusqu'en 1851, vint donner quelque animation aux propriétés.

Une nouvelle révolution avait une seconde fois jeté de la défaveur sur ce quartier; aussi les amateurs venus après 1848 achetèrent-ils les terrains à des prix extrêmement bas. Mais ces nouveaux acquéreurs, profitant des leçons de l'expérience, sentirent le besoin d'agir pour ramener l'attention publique sur un quartier frappé de discrédit.

Vous avez sans doute, Messieurs, conservé le souvenir de cette longue file de voitures qui, pour se rendre les jours de fête au bois de Boulogne par l'avenue de Saint-Cloud et l'avenue Dauphine, prenait la queue dès la place de la Concorde. La mode avait adopté cette route étroite, tortueuse, de préférence à l'avenue de Neuilly à la porte Maillot, où la circulation eût été plus facile. Cet encombrement, qui présentait de si graves inconvénients et qui était l'occasion de nombreux accidents, donna l'idée à quelques-uns de ces propriétaires nouveaux de la plaine de Passy d'ouvrir une voie partant du rond-point de l'Étoile et aboutissant en ligne droite à la porte Dauphine. Le 16 janvier 1853, MM. Bouissin, Fabien, Panhard et Richard se réunirent et convinrent de faire dresser un plan de cette avenue qu'ils eurent la bonne pensée de mettre sous la protection de Sa Majesté l'Impératrice. Ils ne se proposaient que de lui donner une largeur de 40 mètres, continuant dans les mêmes conditions l'avenue des Champs-Élysées et bordée comme celle-ci de maisons en façade directe (voir le plan n° 1).

Le plan fut placé sous les yeux de l'Empereur, qui voulut bien le prendre en sérieuse considération, puisque Sa Majesté le fit adopter par M. le Préfet de la Seine, mais avec une largeur de 140 mètres en y comprenant la chaussée pour les voitures, l'allée pour les piétons, celle pour les cavaliers, les pelouses, la rue de ceinture et les 10 mètres de servitude avec grilles, plantations de jardins et interdiction de construire.

Telle est l'origine de l'avenue de l'Impératrice, qui a été prévue par la loi du 22 juin 1854 relative à l'ancien promenoir de Chaillot, à la place de l'Étoile et à ses abords. Elle n'y figure que sous la modeste dénomination de *route départementale n° 4,* sous laquelle il serait difficile de la reconnaître.

L'article 6 du décret impérial daté de Biarritz, le 13 août 1854, rend applicables les dispositions des articles 2, 3 et 4 touchant les grilles et les parterres réservés et les prohibitions contenues dans l'article 5, aux terrains bordant les parties latérales de la route départementale n° 4 entre la place de l'Étoile et la porte Dauphine au bois de Boulogne. Voici quelles sont ces dispositions :

Article 2. — Les grilles reposeront sur un socle bas en pierre de taille; elles seront en fer avec ornements en fonte et candélabres aux angles, sans aucune pile en pierre; elles seront bronzées de la même teinte.

Article 3. — Les grilles de clôtures et les façades de constructions devront être constamment tenues en bon état de propreté.

Article 4. — Les terrains réservés entre les grilles et les constructions seront cultivés en parterre d'agrément et ne pourront devenir sous aucun prétexte des lieux de réunions publiques.

Article 5. — Aucun genre de commerce et d'industrie ne

pourra être exercé sur ces terrains, si ce n'est en vertu d'une autorisation du Préfet de la Seine qui en déterminera les conditions pour chaque cas. Ces autorisations seront toujours révocables. »

C'est à raison de ces charges onéreuses imposées aux propriétaires riverains que la loi de 1854 avait prescrit que la Ville de Paris ne pourrait, pour la fixation de l'indemnité, leur opposer la plus-value résultant de l'expropriation partielle. Cependant la Ville de Paris, malgré cette disposition expresse et formelle et n'en tenant aucun compte, fit des offres de 1 franc, et dans le cours des débats devant le jury ses défenseurs plaidèrent la plus-value résultant du percement de la nouvelle avenue. La Cour de cassation annula toutes les décisions du jury qui avaient accueilli cette interprétation quand elles furent déférées à sa haute juridiction.

Une des servitudes les plus onéreuses consiste dans l'interdiction de bâtir sur les 10 mètres réservés pour parterres, tant en façade sur la rue qu'en retour sur la rue latérale.

Au mois de septembre 1855, la Ville de Paris mit les propriétaires en demeure de procéder aux travaux de nivellement, de plantation et de clôture auxquels ils étaient tenus.

J'eus à ce moment la pensée de les convoquer afin de se concerter dans un intérêt commun. Cette réunion eut lieu le 15 octobre 1855, et les propriétaires présents nommèrent une commission qui fut composée de MM. Bouissin, Fabien, Emile de Girardin et Panhard.

Cette commission convoqua de nouveau tous les propriétaires à une réunion plénière pour le 5 novembre suivant. Cette assemblée décida que l'on se formerait en syndicat, et séance

tenante la commission précédemment désignée composa le syndicat chargé de veiller à l'exécution des mesures qui seraient prises
en vertu des dispositions des lois, décrets et règlements.
M. Bouissin fut nommé président du syndicat, et M. Albert
Delton, son architecte.

Le syndicat se mit à l'œuvre sans plus tarder; il décida que
les travaux seraient donnés aux principaux entrepreneurs de maçonnerie, serrurerie et peinture en adjudication publique et sur
soumissions cachetées. Un cahier des charges fut dressé à cet
effet.

Cette adjudication eut lieu pour la serrurerie et la peinture,
le 3 décembre 1855. La maçonnerie ne put y être comprise parce
qu'il s'agissait, en ce moment, de faire baisser les socles de $0^m,65$,
hauteur réglementaire, à $0^m,25$. M. Lelubez, constructeur des
grilles du nouveau Louvre, ayant offert le plus grand rabais,
fut déclaré adjudicataire. Sa soumission réduisit le prix des
grilles à 85 francs le mètre, et celui des portes à 638 francs,
tandis que quelques propriétaires avaient antérieurement traité
à raison de 135 francs et même 150 francs le mètre pour les
grilles, et 900 francs pour les portes.

Le syndicat, encouragé par ce premier succès, poursuivit l'ac-
complissement de sa mission avec un zèle et un dévouement qui
ne se sont jamais ralentis. Il comprit que les conditions imposées
par l'administration laissaient beaucoup à désirer, et il demanda
des modifications à M. le Préfet de la Seine. Ces modifications,
toutes dans l'intérêt des propriétaires, furent l'objet de la lettre que
son président écrivit à ce fonctionnaire.

AVENUE DE L'IMPÉRATRICE.

LETTRE
Adressée à M. le Préfet de
la Seine par la Commission
des propriétaires de l'a-
venue.

Paris, le 20 janvier 1856.

« Monsieur le Préfet,

« Vous avez été informé que les propriétaires des terrains qui bordent des deux côtés et dans toute la longueur de son parcours l'avenue de l'Impératrice, s'étaient réunis et avaient nommé une commission composée de MM. Bouissin, Fabien, Emile de Girardin et Panhard, à l'effet d'assurer la prompte et parfaite exécution de la loi des 22-26 juin 1854, notamment en ce qui concerne la pose de la grille exigée par la susdite loi.

« Le premier acte de la commission a été l'adjudication, le 3 décembre dernier, à M. Lelubez et à M. Navet, des travaux de serrurerie et des travaux de peinture nécessités par la grille.

« La commission n'a pu comprendre dans cette adjudication les travaux des bahuts, parce que leur hauteur n'était pas encore fixée. Elle a appris que Sa Majesté l'Empereur désirait qu'ils fussent abaissés de 0^m,65 à 0^m,25 centimètres et au moyen de quelques sacrifices qu'elle s'est imposés, elle a obtenu des propriétaires, même de ceux qui avaient commandé ou monté leurs bahuts, les réductions demandées. Toutefois un seul propriétaire s'est montré intraitable.

« La commission savait aussi que l'Administration désirait le redressement d'équerre des mitoyennetés dans la zone de servitude. Avec le concours de M. Albert Delton, son architecte, la commission a obtenu ce redressement dans toute l'avenue, à l'exception d'un seul propriétaire, dont elle espère vaincre la résistance.

« L'adjudication des travaux de confection de la grille, régulièrement faite dans la forme des adjudications de l'État, assure à la Ville de Paris non seulement la parfaite exécution des travaux, mais la plus stricte uniformité, ce qu'il eût été impossible d'obtenir sans adjudication comprenant tout l'ensemble.

« La commission, qui ne se présente à vous, Monsieur le Préfet, qu'après nous avoir donné cette garantie et qu'après avoir ainsi justifié la confiance des propriétaires qui l'ont nommée, vient vous prier de vouloir bien examiner avec bienveillance les justes demandes qu'elle a l'honneur de vous adresser et qu'elle consigne en ces termes :

« 1. Autoriser M. l'Ingénieur en chef : 1° de recevoir les bahuts abaissés de 65 centimètres à 25 centimètres ; 2° de tolérer l'espacement des arcs-boutants à $2^m,80$ environ, de manière à permettre de nouvelles entrées et sorties sans porter atteinte à l'harmonie de l'ensemble; 3° d'autoriser des petites portes de $1^m,10$ à 90 centimètres de largeur ; 4° de renoncer aux barreaux placés au-devant des arcs-boutants figurant barreaux placés pour plus de solidité ; 5° de renoncer à la basse et mince traverse en fer entaillée dans le bahut comme étant nuisibles à la solidité du travail et à sa propreté.

« 2. Faire placer les candélabres destinés à l'éclairage des deux contre-allées sur les trottoirs opposés à ceux bordant les plantations de l'avenue.

« 3. Élargir de 2 mètres ces contre-allées trop étroites.

« 4. Donner suite au projet de construire deux égouts sous

les contre-allées à l'effet : 1° de recevoir les eaux ménagères des propriétés riveraines et d'éviter les exhalaisons infectes pendant les chaleurs de l'été et les glaces de l'hiver ; 2° de renfermer les tuyaux de conduite d'eau de Seine nécessaires à la consommation des habitants en même temps que les tuyaux de conduite du gaz nécessaires à l'éclairage des contre-allées et des maisons riveraines.

« 5. Faire dessiner et tracer au travers des plantations publiques quelques petites allées contournées à l'usage des propriétaires voisins pouvant avoir à communiquer journellement d'une contre-allée à l'autre.

« Ces demandes, Monsieur le Préfet, que la commission a l'honneur de vous transmettre, si vous voulez bien les accueillir favorablement, auront cet avantage que, sans porter atteinte ni à l'esprit de la loi du 22 juin 1854, ni à l'harmonie de l'ensemble, elles seront une facilité, conséquemment un attrait de plus donné aux constructions nouvelles, qu'il importe d'encourager si l'on désire qu'elles soient élégantes et en rapport avec la majesté de l'avenue. Aussi la commission croit-elle devoir insister particulièrement, Monsieur le Préfet, sur l'urgente nécessité de poser les candélabres destinés à l'éclairage des deux contre-allées. Tout retard apporté à cet éclairage exercerait l'influence la plus fâcheuse, en ce qu'il ajournerait indéfiniment les constructions de quelque valeur. Qui voudrait aller habiter des maisons représentant un prix de location élevé, si elles étaient situées dans de longues et étroites contre-allées plongées le soir dans une profonde obscurité ? Qui veut la fin doit vouloir les moyens. Si Sa Majesté l'Empereur, si la ville de Paris, veulent que l'avenue de l'Impératrice soit en tout digne de l'auguste nom qui lui a été donné, et ne ressemble pas à certaines parties désertes des boulevards extérieurs, vous donnerez, Monsieur le Préfet, des ordres qui ne se feront pas attendre et que la commission n'aura fait que prévenir.

« Avant de clore cette lettre, les membres de la commission regardent comme un devoir de rendre ici toute justice à la bienveillance et à l'appui qu'ils ont trouvés dans M. l'Ingénieur Alphand.

« Nous avons l'honneur d'être, Monsieur le Préfet, vos très humbles et très obéissants serviteurs.

« Pour les membres de la commission :

« Signé : L. BOUISSIN. »

Monsieur le Préfet répondit à cette demande par la lettre suivante :

Paris, le 25 mars 1856.

« Monsieur, au nom de la commission des propriétaires des terrains en bordure sur l'avenue de l'Impératrice, vous avez soumis à mon examen diverses réclamations sur lesquelles j'ai cru devoir prendre l'avis de M. l'Ingénieur, chef du service des promenades et plantations.

« Son rapport vient de me parvenir, et j'ai l'honneur de vous informer que j'approuve les légères modifications que vous demandez à introduire dans l'établissement des grilles en bordure, et que j'autorise, en conséquence, l'ingénieur à recevoir les bahuts abaissés de 65 centimètres à 25 centimètres, et à tolérer l'espacement des arcs-boutants à $2^m,80$ et l'ouverture dans les grilles de petites portes de 90 centimètres à 1 mètre de largeur.

« Mais j'ai le regret en même temps de vous annoncer qu'il ne m'est pas possible de faire droit aux autres parties de votre demande relatives à la pose des candélabres, à l'élargissement des rues latérales et à l'établissement de passages à travers les massifs des contre-allées.

« Il n'entre pas, en effet, dans les vues de l'Administration, de pourvoir à l'éclairage de la chaussée centrale, et elle ne peut intervenir dans celui que vous seriez dans l'intention d'établir dans les rues latérales, soit par vous-mêmes, soit de concert avec les communes de Passy et de Neuilly, que pour déterminer l'emplacement des appareils d'éclairage au point de vue de la décoration de l'ensemble de l'avenue. Projetées sur une largeur de 6 mètres seulement, les rues latérales ont été, en cours d'exécution, portées à 8 mètres. Il ne serait pas possible de réduire encore de 2 mètres, comme vous le demandez, l'emplacement déjà trop étroit des massifs, pour les ajouter à la chaussée, qui, dans l'état actuel, suffira largement au service exclusif des propriétés riveraines. D'ailleurs un pareil travail, en exigeant la réfection complète des chaussées, des trottoirs et d'une partie des massifs et des plantations, entraînerait à des dépenses considérables.

« Enfin l'établissement des petites allées à travers les pelouses plantées romprait l'harmonie de celles-ci. D'ailleurs le prolongement des allées dont il s'agit jusqu'à la voie centrale du côté de la contre-allée destinée aux cavaliers, présenterait de sérieux dangers pour la circulation des piétons.

« Quant aux égouts à placer sous le sol des rues latérales, j'en reconnais sans doute l'utilité et la convenance pour les propriétés riveraines ; aussi suis-je tout disposé à seconder, autant qu'il est en moi, l'initiative que vous croirez devoir prendre à ce sujet, en autorisant, sur votre demande, l'exécution du travail sous la direction et la surveillance des ingénieurs du service municipal. Mais je ne puis en aucune façon en mettre la dépense à la charge de la Ville, par ce motif que la Ville n'a concédé aux riverains de l'avenue de l'Impératrice que le droit de sortie sur les rues latérales, et non pas le droit d'y déverser des eaux ménagères ; qu'elle peut donc refuser de recevoir ces eaux, et qu'elle fera plus qu'elle n'a promis en laissant établir aux frais des riverains, sous le sol de sa propriété, des égouts pour en assurer l'écoulement.

« Recevez, Monsieur, l'assurance de ma considération très distinguée.

« Le Préfet de la Seine,
« Signé : HAUSSMANN. »

L'abaissement des socles eut pour premier résultat de rendre beaucoup plus agréable l'aspect des propriétés riveraines et il s'ensuivit une économie de 19 francs par mètre courant sur la maçonnerie.

Quant à l'éclairage de la contre-allée, depuis l'annexion de l'avenue à Paris, la Ville a été obligée d'y pourvoir comme dans tous les autres quartiers.

Enfin, Messieurs, lorsqu'il s'est agi de l'annexion de la banlieue à Paris, M. le Préfet de la Seine a soumis à l'enquête la division projetée et arrêtée d'avance des arrondissements de Paris. L'arrondissement composé des communes d'Auteuil, Passy et d'une partie de Chaillot formait le treizième arrondissement. Cette répartition m'ayant paru défectueuse, j'ai, sur le procès-verbal d'enquête ouvert aux mairies d'Auteuil et de Passy, consigné le dire suivant dans lequel, d'accord avec M. Possoz, alors maire de Passy, j'ai proposé un autre lotissement :

« Le soussigné déclare donner son adhésion à la mesure de l'extension de Paris. Toutefois il croit devoir appeler l'attention de l'Administration sur la division des arrondissements, qui lui semble défectueuse.

« Au lieu d'une classification faite avec méthode, on remarque une grande confusion. L'ordre dans lequel les arrondissements ont été répartis, dans le plan projeté, n'est ni logique ni rationnel (voir le plan n° 2). On ne comprend pas pourquoi les communes d'Auteuil et de Passy prendront le n° 13. Il serait plus naturel de placer le n° 13 à côté du n° 12, avec d'autant plus de raison que le XX° arrondissement, qui, dans ce projet, est contigu au XII° arrondissement, emprunte à ce dernier une partie de son territoire. A la simple inspection du plan, on est frappé du désordre qui règne dans la répartition des arrondissements. Ainsi le n° 9 se trouve entre les n°ˢ 17 et 20, le n° 17 est à l'opposé du n° 18. Si la situation de la demeure du souverain n'exigeait pas que le I⁰ʳ arrondissement commençât au palais des Tuileries, le soussigné aurait été d'avis que les communes d'Auteuil et de Passy fussent comprises dans le premier arrondissement. Cette classification se rapprocherait de l'état de choses actuel, dont il convient de ne pas trop s'éloigner, à cause de la perturbation que la nouvelle division de Paris va jeter dans une foule de cas, et notamment dans la recherche des actes de l'état civil. Mais puisque des motifs de haute convenance auxquelles toutes les opinions doivent se rallier ne permettent pas d'adopter ce système, il serait plus logique, en prenant pour point de départ le projet tel qu'il est figuré sur le plan, de mettre le XIII° arrondissement à côté du XII° (voir le plan n° 3).

« Dans cette combinaison, beaucoup plus rationnelle, le XX° arrondissement projeté devient le XIII°; le XIX° deviendrait le XIV°; le XVIII° deviendrait le XV° et le XIII° serait le XVI°, et

ainsi de suite en continuant cet ordre de numéros et en suivant la configuration circulaire des territoires des communes annexées. Cette division plus méthodique éviterait ce pêle-mêle des arrondissements qui s'enchevêtrent les uns les autres avec une confusion fâcheuse.

« Sous le mérite de ces observations, le soussigné approuve la mesure projetée.

« *Signé*: L. Bouissin. »

Ce dire fut pris en très sérieuse considération dans le sein de la commission municipale, puisque les bases qu'il proposait furent adoptées et que la division des arrondissements de Paris a été rectifiée: les communes d'Auteuil et de Passy ont fourni le XVI° arrondissement, ainsi que je le demandais.

Après plus de dix ans de durée, le syndicat des propriétaires est, en fait, arrivé à l'expiration de sa mission. Pour la continuer, il aurait besoin de se retremper dans une nouvelle élection. Il appartient aux propriétaires qui l'avaient nommé et à leurs successeurs qui ont profité de ses travaux de dire s'il a justifié la confiance dont il avait été investi. La formation du syndicat a eu pour résultat d'imprimer aux travaux de l'avenue une activité et une unité très avantageuses pour les propriétaires comme pour l'Administration, et de réaliser une économie d'environ 250,000 francs.

Novembre 1889.   L. Bouissin.

Paris. — Soc. d'imp. PAUL DUPONT (Cl.) 2,046.11.89.

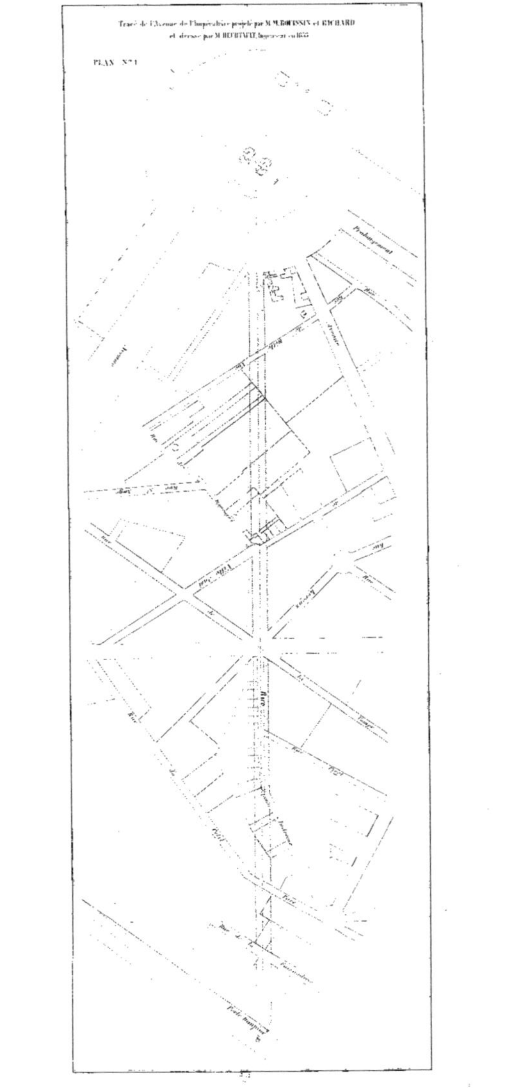
Tracé de l'Avenue de l'Impératrice proposé par M.M. BOISSIN et RICHARD
et dressé par M. HERTAULT, Ingénieur en 1855
PLAN N° 1

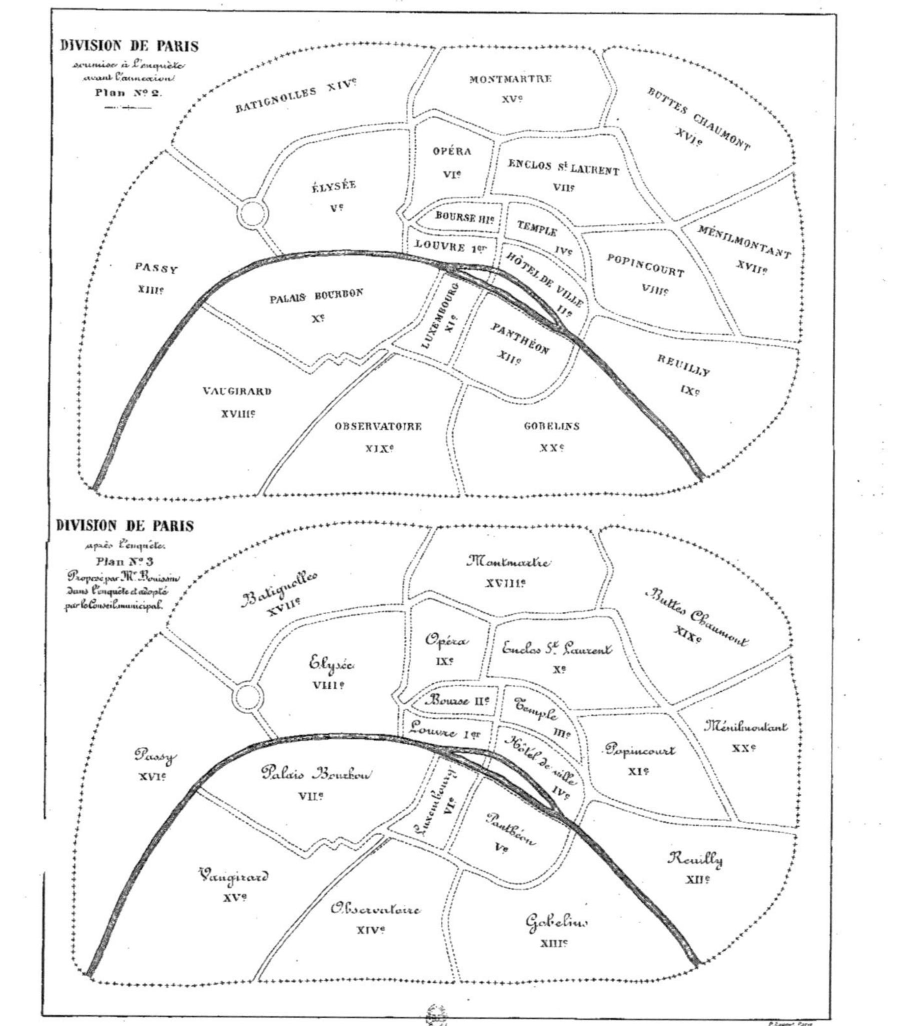

DIVISION DE PARIS
soumise à l'enquête
avant l'annexion
Plan N° 2.

BATIGNOLLES XIV
MONTMARTRE XV
BUTTES CHAUMONT XVI
OPÉRA VI
ENCLOS St LAURENT VII
ÉLYSÉE V
BOURSE IIIe
TEMPLE IVe
MÉNILMONTANT XVII
LOUVRE 1er
POPINCOURT VIII
PASSY XIII
HÔTEL DE VILLE II
PALAIS BOURBON X
LUXEMBOURG XI
PANTHÉON XII
REUILLY IX
VAUGIRARD XVIII
OBSERVATOIRE XIX
GOBELINS XX

DIVISION DE PARIS
après l'enquête.
Plan N° 3
Proposé par Mr Boussin
dans l'enquête et adopté
par le Conseil municipal.

Batignolles XVII
Montmartre XVIII
Buttes Chaumont XIX
Opéra IX
Enclos St Laurent X
Élysée VIII
Bourse II
Temple III
Ménilmontant XX
Louvre 1er
Hôtel de ville IV
Popincourt XI
Passy XVI
Palais Bourbon VII
Luxembourg VI
Panthéon V
Reuilly XII
Vaugirard XV
Observatoire XIV
Gobelins XIII

P. Lauent. Paris

9 782019 957469